Dropshipping Per Principianti

Imparare come costruire un business con il Dropshipping ed inizia a guadagnare online

Roberto Panizza

INDICE

__Introduzione__

Voglio ringraziarti e congratularmi con te per aver acquistato questo libro.

Questa guida contiene passaggi e strategie comprovate su come avviare il proprio business dropshipping dalla comodità della propria casa. Se sei alla ricerca di una guida semplice che contiene istruzioni passo-passo e attuabili, questo libro è perfetto per te.

Non ci sono dubbi riguardo i numerosi business dropshipping che stanno nascendo ogni giorno. Ma cosa sta alimentando questa popolarità? Devi sapere, che il dropshipping è un modello di business molto facile e redditizio ed è un ottimo modo per iniziare a generare una rendita passiva online.

Quindi cosa offre questo libro?

Con questo libro imparerai gli aspetti base del dropshipping, come funziona e tutto ciò che devi fare per avere successo nella tua nuova attività.

Nel primo capitolo, imparerai come definire il dropshipping, la sua struttura di base e alcuni dei suoi vantaggi e svantaggi. Dopodiché ti mostrerò come puoi creare la tua attività di dropshipping in soli 7 giorni! Sì, è possibile! Ma hai bisogno delle giuste indicazioni ed informazioni, ed in questo libro troverai tutto ciò di cui hai bisogno.

Nel terzo capitolo, ti spiegherò come trovare i migliori fornitori per il dropshipping e ti mostrerò alcuni dei segni chiave per identificare un fornitore falso. Credimi, non vuoi perdere tempo e denaro venendo truffato da un falso fornitore.

Il quarto capitolo esamina come scegliere i prodotti giusti da vendere. Questo è un fattore critico per il successo della tua attività. Non dare per scontato che entrerai nel mercato e dominerai. Devi posizionarti bene; altrimenti, chiuderai il negozio abbastanza velocemente.

Nel capitolo finale, condividerò con te alcuni suggerimenti di cui ogni dropshipper esperto è a conoscenza, come ad esempio assicurarsi di avere buoni margini.

Grazie ancora per aver scaricato questo libro, spero che ti piaccia e che ti sarà utile!

Capitolo 1

Le basi del Dropshipping

In questo capitolo, imparerai alcuni degli aspetti di base del dropshipping. Discuteremo di cosa sia il dropshipping, inclusa una panoramica di come funziona, della sua struttura, dei suoi vantaggi e svantaggi. È importante iniziare la tua "avventura" da dropshipper con il piede giusto. Questo ti consentirà di avere solide fondamenta man mano che andrai avanti.

Cos'è il dropshipping?

Il dropshipping è il processo di vendita di beni ai clienti attraverso il tuo sito di e-commerce senza effettivamente acquistare o immagazzinare alcun inventario tu stesso. È un modello di business in cui collabori con un fornitore che soddisferà gli ordini dei tuoi clienti. Il fornitore riceverà gli ordini da te e quindi elaborerà e consegnerà i prodotti al tuo cliente. Non potrai vedere o gestire i prodotti in prima persona. Il tuo fornitore è colui che gestisce i prodotti e li spedisce ai tuoi clienti.

Il dropshipping può anche essere definito come

un processo di vendita al dettaglio in cui non si acquista alcun prodotto che si sta vendendo. Invece, vendi prodotti che appartengono a terzi. Un cliente effettua un ordine presso il tuo negozio, tu quindi invii l'ordine al tuo fornitore il quale lo elaborerà. Gli articoli acquistati verranno imballati e spediti al cliente direttamente dal magazzino del fornitore.

Il modo migliore per capire il dropshipping è confrontarlo con un'attività di vendita al dettaglio.

In un normale business, hai una struttura fisica, magari un magazzino o un negozio, dove conservi i prodotti che intendi vendere. Contatti un grossista o un produttore e ordini alcuni prodotti in modo da poter disporre di un inventario, nel caso qualcuno arrivi e voglia comprare da te.

Se un cliente arriva e fa un ordine, l'ordine viene elaborato, il prodotto viene confezionato e quindi consegnato. In qualità di proprietario dell'azienda, in pratica gestisci tutto da solo.

Come abbiamo visto in precedenza quando invece si parla di dropshipping l'unico compito che hai è quello di fare da tramite tra il cliente ed il fornitore senza aver bisogno di avere un inventario fisico o un magazzino.

Entrambe queste imprese sono progettate per realizzare lo stesso scopo che è quello di vendere prodotti ai clienti. La principale differenza in questi due modelli è la vendita al dettaglio e la gestione degli ordini, il "classico negozio" acquista l'inventario e tiene scorte di prodotti mentre l'attività di dropshipping non investe nell'inventario e non tiene scorte.

Il dropshipper acquisterà solo le merci quando un cliente effettua un ordine. Pertanto, in tale modello di business non hai bisogno di risorse da investire in un inventario. I prodotti sono pagati solo una volta che un cliente acquista. L'ordine viene quindi elaborato da una terzo, in questo caso, la ditta partner del dropshipper.

Una volta ricevuto l'ordine, viene inviato al magazzino del fornitore dove verrà elaborato, imballato e spedito al cliente. Tuttavia, avrà l'indirizzo del dropshipper, quindi il cliente penserà che il prodotto provenga direttamente dal magazzino del sito web dove ha acquistato.

Quindi come funziona esattamente ?

Come rivenditore, non è necessario che tu abbia una struttura fisica. Puoi semplicemente avere un sito web dove promuovi dei prodotti. Quando un potenziale cliente visita il tuo negozio online, non ha idea che tu non possieda l'inventario che sta visualizzando. Tuttavia, questo non importa, perché tu hai già stabilito una relazione con un grossista che elaborerà l'ordine per te.

Quindi quando il cliente effettua un ordine online, tu prendi quell'ordine, informi il grossista, lui lo confeziona e lo consegna al cliente.

Quindi come guadagni da questo processo?

Quando il cliente effettua l'ordine, paga anche il prodotto. Il fornitore ti addebiterà il costo del prodotto ed il servizio che ha fornito. La differenza tra ciò che paga il cliente e ciò che ti viene addebitato dal fornitore è il tuo profitto.

Come puoi vedere, non devi gestire alcun inventario. In pratica, soddisfi la richiesta del cliente e fornisci un servizio di intermediazione. Questo è qualcosa che puoi fare comodamente da casa tua e generare rendite passive

Benefici del Dropshipping

Ora che hai una panoramica di base su come funziona il processo, diamo un'occhiata ad alcuni dei vantaggi derivanti dall'esecuzione della tua attività di dropshipping:

1. Basso capitale richiesto - Il dropshipping non richiede un ingente investimento

iniziale. Non è necessario spendere migliaia di euro per creare un inventario. Acquisterai un prodotto dal grossista solo quando un cliente avrà già pagato ed effettuato l'ordine

2. Meno rischi - Uno dei rischi di possedere un negozio fisico è la possibilità di rimanere "bloccato" con un inventario da migliaia di euro poiché i clienti non acquistano ed essere costretto a vendere i prodotti in perdita.

3. Ampia gamma di prodotti - Dal momento che non è necessario possedere fisicamente alcun prodotto, puoi letteralmente vendere tutto ciò che desideri. Tutto quello che devi fare è caricare le foto e le descrizioni dei prodotti sul tuo sito. Ad esempio, puoi vendere borse, utensili elettrici, scarpe e elettrodomestici da cucina. Una gamma di prodotti più ampia significa una base di clienti più ampia e, si spera, maggiori profitti.

4. Maggiore scalabilità - Quando si esegue la propria attività di dropshipping, non è necessario impacchettare e consegnare manualmente ogni ordine come si farebbe in una normale attività commerciale. Ciò

semplifica enormemente la scalabilità e la crescita della tua attività, poiché l'elaborazione di 100 unità di un prodotto richiede la stessa quantità di lavoro di 1000 unità.

5. Libertà di localizzazione - Un'attività dropshipping è indipendente dalla tua posizione. In altre parole, puoi gestire l'attività da qualsiasi parte del mondo, purché tu abbia un laptop, una fonte di alimentazione e una connessione Internet affidabile.

6. Reddito passivo - Il business del dropshipping fornisce uno dei modi migliori per guadagnare un reddito passivo. Molti imprenditori che usano questo modello di e-commerce spesso lavorano pochissime ore al giorno. Pertanto, puoi guadagnare mentre ti occupi di altre questioni.

7. Tutto il lavoro è svolto dal tuo fornitore - Spesso c'è poco lavoro da fare per l'imprenditore. Questo perché gli ordini vengono elaborati e spediti interamente dal tuo fornitore. Il proprietario del negozio fa pochissimo lavoro ed è, quindi, libero di occuparsi di altre attività o di questioni familiari e personali.

8. Elimina i rischi di gestione - Poiché tutti i prodotti vengono spediti direttamente dal magazzino del fornitore al cliente, i rischi di danni, manomissioni e consegne errate sono ridotti al minimo. Questo aiuta a ridurre le perdite derivanti da errori di gestione

Svantaggi del Dropshipping

Anche se il dropshipping è un ottimo modo per iniziare la propria attività da casa, ci sono alcuni svantaggi che devi prendere in considerazione. Ecco una lista di alcune delle sfide che potresti incontrare. Questo elenco non è esaustivo in quanto ogni azienda è unica nel suo genere:

1. Un gran numero di concorrenti - Questa è probabilmente la sfida più grande che la tua azienda dovrà affrontare. Poiché i fornitori hanno reso molto facile l'accesso ai loro prodotti, molte aziende stanno attualmente invadendo il mercato cercando di rivendere gli articoli più popolari. Ciò rappresenta una sfida per i nuovi imprenditori e coloro che hanno appena iniziato.

2. Mancanza di controllo del marchio - Come rivenditore dropshipping, non entrerai mai in contatto con i prodotti ricevuti dal

cliente. Ciò significa che non avrai alcun controllo sul tuo marchio. In altre parole, se il cliente ha un'esperienza negativa con il prodotto per un motivo o per un altro, percepirà la tua attività in modo negativo, anche se questa non ha mai nemmeno toccato il prodotto.

3. Margini bassi - La verità è che la maggior parte dei prodotti che vengono venduti tendono a generare margini minimi; di solito intorno al 20%. Una volta sottratti costi generali, pubblicità e altri costi, ti rimane un margine percentuale molto basso. Ciò significa che devi vendere molti prodotti solo per ottenere un profitto decente. Se si considera anche il fatto che si sta facendo concorrenza al produttore e ai rivenditori più grandi, le cose diventano difficili.

4. Le migliori nicchie sono tutte prese - Il successo nel business del dropshipping richiede di selezionare attentamente un mercato di nicchia redditizio i cui prodotti siano molto richiesti dai clienti. Tuttavia, molti degli imprenditori dropshipping lamentano che la maggior parte delle nicchie più profittevoli siano già state "prese" o persino affollate.

5. Facilità di avvio - A volte la facilità con cui è possibile avviare un'impresa di dropshipping provoca sfide ai veri imprenditori. Infatti gli imprenditori senza passione o interesse tendono ad avviare attività di dropshipping perché è facile farlo e finiscono per causare problemi con fornitori e clienti.

6. Duro lavoro - Mentre il dropshipping è un business relativamente semplice da gestire, richiede un sacco di duro lavoro, soprattutto nelle fasi iniziali. Devi pubblicizzare il tuo negozio, commercializzare i tuoi prodotti, rispondere alle domande e scrivere descrizioni dei prodotti e molto altro ancora. Non è un lavoro facile, ma ne vale sicuramente la pena per gli imprenditori più motivati.

Il Dropshipping fa per me ?

Ci sono alcuni tipi di imprese che si adattano bene al modello dropshipping mentre ci sono altre che semplicemente non ci riescono. Ecco le attività che si adattano meglio a questo modello:

- Nuove attività - Se hai appena iniziato a vendere prodotti online, allora il dropshipping è un ottimo modello per la tua azienda. Per riuscire nell'e-commerce è necessario attirare molto traffico sul tuo sito web e convertirlo in vendite. Ottenere questo risultato di solito richiede molto tempo. Con il dropshipping, puoi iniziare a vendere su piccola scala mentre impari l'ottimizzazione del traffico e della conversione.

- Attività i con basso capitale- Dal momento che non richiede molti soldi per iniziare, il dropshipping è perfetto per gli imprenditori che non hanno un budget elevato o vogliono mantenere bassi i costi di avvio. Se hai un capitale limitato e non hai le risorse per rifornire completamente un negozio al dettaglio, allora questo modello è stato progettato per te.

- Attività sperimentali - Se sei interessato a vendere un prodotto nuovo sul mercato o addirittura a creare una startup, il dropshipping ti consente di testare il mercato senza investire troppi soldi nell'inventario e si arriva a convalidare se vale la pena investire o meno nel prodotto.

- Attività "variegate" - Gli imprenditori che vogliono vendere una vasta gamma di prodotti di solito adottano un modello dropshipping poiché non dovranno spendere un sacco di soldi in anticipo per l' inventario e saranno anche liberi di collaborare con più di un fornitore. Molti imprenditori preferiscono avere due, tre o più partner per avere opzioni e alternative nel corso delle transazioni.

D'altra parte, ci sono alcune forme di impresa che non si adattano al modello dropshipping e sono:

- Le attività che si concentrano sui margini - I margini tendono ad essere piuttosto scarsi nel business del dropshipping. Di solito sono circa dal 10 al 20 percento. Dopo aver pagato le spese per la carta di credito, i costi per i servizi di posta elettronica, le spese per le app e le piattaforme online, è possibile che tu rimanga con un margine di profitto di pochi punti percentuali. Se i margini sono il tuo obiettivo, lascia stare il dropshipping.

- Le attività che si concentrano sulla costruzione di un Brand - Sappiamo tutti quanto sia difficile e lungo il lavoro per costruire un marchio rispettato. Tuttavia, il business del dropshipping rende ancora più difficile farlo. La ragione di questo è semplice, non hai alcun controllo sull'esperienza del cliente! Ad esempio, un cliente fa un ordine, e quando si contatta il grossista, ti dicono che il prodotto è esaurito. Questo può metterti in difficoltà dando al cliente una pessima impressione della tua attività. Un altro problema è che il prodotto può essere consegnato in ritardo o in cattive condizioni, ed è il tuo business, non il fornitore, che verrà percepito in maniera negativa.

Perchè considerare l'opzione dropshipping ?

Il dropshipping è uno dei modelli di e-commerce più funzionante e più popolare tra gli imprenditori digitali perché è facile da avviare e fornisce un metodo affidabile per generare rendite passive. Senza l'obbligo di investire enormi quantità di denaro in un magazzino o un inventario, ed è un modello di business sostenibile a lungo termine.

Poiché i requisiti di capitale sono bassi, i negozi dropshipping possono permettersi una vasta gamma di prodotti ed i clienti amano avere ampia scelta e tempi di spedizione veloci, e ricordati che un cliente felice è un cliente che ritornerà a fare acquisti nel tuo negozio.

Gestire il proprio business dropshipping è una

grande idea e ora hai anche una visione più ampia di ciò in cui consiste. Riuscirai a ottenere un buon profitto da questo business e generare reddito passivo da casa? Assolutamente! Tuttavia, considera anche i vantaggi e gli svantaggi di cui sopra.

Fattori da considerare quando si inizia un Business con il Dropshipping

Considerare di entrare in un mercato adatto

Per essere un imprenditore online di successo, è necessario entrare nel giusto mercato di nicchia. E' consigliabile scegliere un campo per il quale si ha una passione e cercare i prodotti più facilmente vendibili e con maggior richiesta da parte degli acquirenti. Un mercato di nicchia, ad esempio, potrebbero essere le luci dei freni posteriori per il vecchio modello di Fiat Panda

Considerare nicchie a basso volume e altamente redditizie

Se vuoi distinguerti dalla massa, evita le nicchie che scelgono tutti. Ciò crea concorrenza non necessaria che potrebbe risultare dannosa. Invece, scegli articoli che vendono volumi bassi ma a prezzi più alti. Anche se il volume delle vendite potrebbe essere basso all'inizio, ricaverai profitti molto più alti ed avrai minor concorrenza da parte di altri rivenditori.

Passi fondamentali per raggiungere il successo con il dropshipping

Ci sono alcuni passaggi che devi seguire per avere successo nel business del dropshipping, se segui diligentemente questi passaggi, allora sarai sulla buona strada per avviare un'attività di successo:

- Identificare un fornitore adatto

- Identificare i prodotti più venduti in una determinata nicchia

- Organizza tutti i documenti come licenze e permessi

- Scegli la tua piattaforma di vendita preferita

- Preparare e gestire le inserzioni dei prodotti

Capitolo 2

Creare il tuo business dropshipping in 7 giorni

In questo capitolo imparerai come impostare il tuo business dropshipping in soli sette giorni. Queste informazioni ti guideranno attraverso il processo di creazione del tuo store evidenziando ogni singola cosa che un dropshipper come te ha bisogno di sapere e fare.

L'obiettivo qui è di aiutarti a iniziare la tua attività il più rapidamente possibile attraverso passaggi semplici ed intuitivi, ma altamente efficaci.

Quindi sei pronto per iniziare?

Giorno 1: Identifica la tua nicchia

Non vedere l'ora di iniziare la propria attività è fantastico, ma è necessario iniziare a fare il lavoro duro e noioso dal primo giorno. Questo è importante perché non vuoi impegnarti in un'attività che non ha un mercato o che ha troppi concorrenti.

Questo significa che devi fare qualche ricerca. Ecco alcuni dei passaggi:

- Fai un Brainstorm di alcune idee - È necessario concentrarsi su una nicchia specifica e ,se possibile, una di cui si è appassionati. Se ti rivolgi a un sottoinsieme ristretto del mercato, ad esempio, fan del CrossFit, vegetariani o amanti dello yoga, ciò ti aiuterà a creare un'attività in grado di soddisfare facilmente le esigenze dei clienti.

- Esegui una ricerca su Google Keyword Planner - Questo strumento ti aiuterà a sapere il volume dei ricerca di una determinata nicchia. Questo è il modo in cui saprai quali prodotti sono popolari

- Esegui una ricerca su Amazon - Questo ti aiuterà a identificare quali prodotti sono molto richiesti.

- Conduci ricerche sui social media - Usa Facebook, YouTube, Twitter o Reddit per vedere come i tuoi potenziali clienti interagiscono con il tuo mercato di nicchia. Inoltre, ti aiuta ad identificare gli influencer che hanno un vasto pubblico / follower nella tua nicchia.

- Scegli una nicchia - Utilizza i dati raccolti

per decidere in quale mercato desideri creare un'attività. Conserva il resto dei dati come backup nel caso in cui la tua nicchia prescelta non funzioni.

Giorno 2: Cerca e contatta potenziali fornitori

Ora devi cercare un fornitore che possa fornirti i prodotti per la tua attività. A volte è possibile che non ci siano fornitori per il tuo prodotto , ma dal momento che hai ancora l'elenco di riserva delle idee, hai altre opzioni.

Nel capitolo 4 approfondiremmo come trovare il giusto fornitore per il tuo negozio.

Giorno 3: Crea il tuo Brand

Devi farlo subito in modo che il tuo marchio renda facilmente riconoscibile la tua attività. Ecco alcune delle cose che devi considerare:

- Scegli un nome per il tuo marchio - Questo aiuterà i clienti a identificare la tua attività.

- Pensa a uno slogan - La tua tag-line dovrebbe essere un riepilogo della tua attività. Ad esempio, "Just Do It" è lo slogan della Nike.

- Crea un logo - Questa è una rappresentazione visiva del tuo marchio. Puoi crearne uno tu stesso usando i modelli su www.creativemarket.com. oppure recandoti su fiverr.com troverai molte persone disposte a farlo a partire da 5$

- Scegli una pallet di colori - È necessario assicurarsi che tutti gli aspetti del sito Web e dei prodotti siano coerenti, in particolare i colori. Vuoi creare un'atmosfera specifica sul tuo sito web, quindi scegli i colori con saggezza.

- Configura la tua pagina "Chi siamo" - Questa è la pagina alla quale la maggior parte dei visitatori si rivolge quando vogliono saperne di più su di te. Racconta alle persone la storia del tuo marchio in modo che possano identificarsi con la tua attività, ciò rende i cliente più empitici verso il tuo Brand e più propensi a comprare.

Giorno 4: Configura il tuo negozio

Uno dei migliori consigli che ogni principiante dovrebbe ricevere è di non cercare di rendere perfetto il proprio negozio. Ci sarà sempre qualcosa che deve essere migliorato, quindi se aspetti che le cose sembrino perfette, non avvierai mai la tua attività. Ecco alcuni passi da seguire:

- Scegli una piattaforma -Ci sono varie piattaforme di e-commerce che puoi utilizzare nel tuo business dropshipping. Puoi usare piattaforme open source come Magento o WooCommerce, o piattaforme "ospitate" come BigCommerce e Shopify. Ulteriori informazioni su come scegliere le piattaforme sono fornite alla fine di questo capitolo.

- Installa un tema - Questo implica scegliere il layout e l'aspetto del tuo negozio online. Alcuni temi hanno un prezzo mentre altri sono gratuiti.

- Configura lo store - Modifica i colori, le immagini, il logo, i caratteri, i menu, ecc.

Giorno 5: Identifica i prodotti da vendere, i prezzi e crea le pagine dei prodotti

Una volta che sei soddisfatto dell'aspetto del tuo negozio dovrai identificare i prodotti che venderai, i loro prezzi e creare le pagine prodotto. È necessario prendersi tempo quando si scelgono i prezzi di ciò che vendi, infatti il costo dei prodotti è cruciale per determinare la competitività del tuo store.

Tuttavia, non dovresti usare prezzi troppo bassi perché ciò influirà sulla redditività e sui tuoi margini. C'è un equilibrio delicato che devi trovare. Anche in questo caso, ottime capacità di marketing, prodotti di buona qualità, servizio clienti di prim'ordine e altre abilità interpersonali possono aiutarti a mantenere un prezzo ragionevole e ad attirare nuovi clienti.

Per ulteriori informazioni su come scegliere i prodotti da vendere e i relativi prezzi, vai al Capitolo 4.

Giorno 6: Finalizza la tua configurazione e lancia il negozio

Hai già fatto tutto il necessario per impostare il tuo business dropshipping e l'unica cosa rimasta è quella di iniziare. Il tuo negozio online non è perfetto e potrebbe volerci un po 'prima che tu possa realizzare il tuo sogno di diventare un milionario, ma almeno inizierai a guadagnare un reddito passivo.

Ecco alcuni degli ultimi ritocchi che è necessario aggiungere:

- Crea un account per il tuo negozio su Facebook, Pinterest, Instagram, Twitter, ecc. Gli account di social media sono molto importanti per scopi di marketing e per interagire con i tuoi clienti.

- Installa le estensioni necessarie - Hai bisogno di alcune estensioni per migliorare l'esperienza del cliente e l'efficienza delle vendite. Assicurati di non sovraccaricare il tuo negozio poiché ciò potrebbe rallentare il funzionamento del tuo sito web. Alcune estensioni molto utili sono: Privy, Cross-sells, Trust, Yotpo ed Oberlo.

- Installa Google Analytics- E' necessario monitorare il numero di visitatori sul sito, acquisti e iscrizioni. Misurare i dati dei clienti è fondamentale per il successo del tuo business online.

- Prova il sistema - Prova l'acquisto per vedere quali problemi potrebbero esserci e prova l'esperienza dell'utente. Verifica che il pulsante Aggiungi al carrello, la canalizzazione dei checkout e la conferma via e-mail funzionino come richiesto.

- Inizia - Il tuo negozio online è pronto e in poco inizierai a vedere le prime vendite

Giorno 7: Pubblicità e promozione

Ci sono tre modi per attirare visitatori e potenziali clienti nel tuo store:

- Ottimizzazione nei motori di ricerca (SEO)

- Annunci di Facebook, Youtube

- Content marketing

Scegliere la migliore piattaforma per il dropshipping

Durante il giorno 4 del tuo negozio, dovrai scegliere una piattaforma. Questo può risultare molto difficile per qualcuno che non ha mai fatto alcun tipo di business online. Tuttavia, ci sono alcuni fattori che possono guidarti.

Considera quanto segue:

La piattaforma consente di inviare ordini a diversi fornitori ?

La piattaforma può essere integrata con il tuo software per il dropshipping ?

La piattaforma ha il design specifico e i requisiti tecnici richiesti dai vostri fornitori dropshipping?

Una volta considerati questi fattori, è necessario

determinare se si desidera impostare il proprio negozio su una piattaforma Open Source o su una piattaforma Hosted.

Il software Open Source è gratuito e supportato da una comunità di sviluppatori web che creano estensioni e plug-in. Oltre al costo minimo di configurazione del tuo sito di e-commerce, il software open source consente anche una maggiore flessibilità, ovvero puoi modificare il codice per fare in modo che il tuo sito esegua tutto ciò che desideri. Tuttavia, ci sono costi nascosti per la manutenzione del codice e in più sei responsabile dell'hosting.

Esempi di piattaforme Open Source includono:

- Magento - È una piattaforma molto flessibile che ha numerose estensioni ed è generalmente molto conveniente, perciò potresti volerla considerare rispetto ad altre.Tuttavia può presentare costi nascosti come ad esempio l'hosting.

- WooCommerce - È ospitata sulla piattaforma Wordpress, il che significa che ha un numero enorme di sviluppatori, un ampio repository di plug-in ed è economica e sofisticata. Al momento è la piattaforma di e-commerce più usate sul mercato.

Le piattaforme ospitate sono popolari perché non devi preoccuparti di server o codici. Paghi una commissione affinché la piattaforma mantenga il tutto per te; quindi non ti resta che concentrarti sul marketing della tua attività. Tuttavia, c'è meno flessibilità in termini di estensioni che è possibile utilizzare infatti una piattaforma hosted consente solo di utilizzare estensioni personalizzate per la sua piattaforma. Esempi:

- Shopify: questa piattaforma intuitiva sta crescendo rapidamente in popolarità grazie a funzionalità eccezionali ed è forse una delle più famose ed utilizzate.

- BigCommerce - Offre sottocategorie, a differenza di Shopify, e fornisce supporto per i fornitori all'ingrosso.

Ecco qua! Questo è tutto ciò che devi sapere per configurare e avviare il tuo business dropshipping in una sola settimana.

Capitolo 3

Come avviene la "Supply Chain" nel Dropshipping

Nel mondo degli affari, esiste una cosa chiamata "supply chain". Questo termine indica l'intero processo che un prodotto attraversa dalla produzione, al trasporto, allo stoccaggio fino al raggiungere il consumatore finale.

Se sei interessato al modello di business del dropshipping, allora devi conoscere bene il processo di supply chain. Per i nostri scopi, ci concentreremo maggiormente su tre componenti essenziali. Questi includono:

- Il produttore

- Il grossista o fornitore

- Il negozio al dettaglio

I produttori sono i creatori dei beni che venderai come rivenditore dropshipping. Nella maggior parte dei casi, non interagirai direttamente con il produttore perché questi vendono solo a grossisti e fornitori.

I grossisti acquistano le loro scorte direttamente dal produttore. Comprano all'ingrosso e ad un prezzo inferiore poiché possiedono grandi magazzini dove conservano le loro merci e operano immagazzinando prodotti da dozzine di produttori.

I negozi al dettaglio spesso non sono in grado di acquistare merci direttamente dai produttori, quindi ricevono i loro prodotti dai grossisti. Molti produttori inoltre hanno requisiti minimi di ordine che i rivenditori spesso non riescono a soddisfare.

Imprenditori dropshipping

In generale, i rivenditori dropshipping non fanno parte della supply chain e sono considerati più che altro un fornitore di servizi.

Come dropshipper, devi collaborare con il fornitore che ti offre i migliori prezzi e il miglior servizio. Se un produttore è disposto a fornire servizi di dropshipping, allora collabora direttamente con l'azienda. Questo rende il tutto più economico attirando non solo più clienti ma anche maggiori profitti.

Diamo uno sguardo al processo di dropshipping

Ora diciamo che abbiamo un e-commerce

dropshipping che vende accessori per cellulari e tra i tanti visitatori del sito c'è un cliente, ad esempio la signora Anna, che desidera acquistare un caricabatterie per il suo smartphone.

Quindi la signora Anna visita il nostro sito web, effettua un ordine per un caricatore e paga l'ordine. Una volta che il suo ordine è inserito nel sistema, verranno avviati un due processi.

L' ordine, completo di specifiche del prodotto e dettagli di spedizione verrà inviato al nostro fornitore, mentre una e-mail verrà inviata al cliente confermando l'acquisto e dando informazioni sul pagamento e altri dettagli essenziali.

Il nostro fornitore riceverà il pagamento in base alla modalità concordata. Molti di loro preferiscono addebitare gli acquisti su una carta di credito.

Il fornitore quindi elabora l'ordine e spedisce il caricatore del telefono all'indirizzo indicato dalla signora Anna mentre l'indirizzo del mittente è quello indicato dal nostro punto vendita online.

I fondi verranno detratti dal nostro conto aziendale per pagare il prodotto e la spedizione. Il profitto che guadagniamo è la differenza di prezzo tra ciò che viene addebitato alla Sig.ra

Anna e quello che ci è stato addebitato per lo stesso prodotto dal fornitore.

Un punto che vale la pena notare è che noi non facciamo alcun lavoro per quanto riguarda l'ordine. Tutto quello che dobbiamo fare è confermare l'e-mail inviata al cliente e fornirgli il numero per tracciare la spedizione. Ciò significa che il dropshipping è un business così semplice che molti ritengono sia una fonte di reddito passivo. La tua responsabilità principale, e spesso unica, è quella di mantenere un inventario o un elenco di prodotti sul sito Web e di inviare gli ordini effettuati dai clienti al tuo fornitore.

In sostanza, i fornitori sono "nascosti" ai clienti e semplicemente elaborano e spediscono l'ordine effettuato sul tuo sito. Clienti come la signora Anna visitano un sito di e-commerce come il nostro, acquistano beni dal sito e pagano nello store senza avere idea che un'azienda di dropshipping abbia elaborato il loro ordine.

Capitolo 4

Cercare fornitori per il dropshipping

In questo capitolo imparerai come trovare buoni fornitori e come identificare quelli falsi. Un sacco di neofiti nel business del dropshipping sono stati truffati da questi falsi grossisti, quindi è necessario sapere come individuarli.

Come trovare fornitori per il dropshipping

- Utilizza i motori di ricerca - Non è facile trovare fornitori online utilizzando le ricerche standard di Google. Questo perché i fornitori si preoccupano di più della produzione e della distribuzione di merci rispetto al SEO. Pertanto, è necessario utilizzare parole chiave specifiche per restringere i risultati della ricerca, ad esempio :

  • Jeans skinny blu + ingrosso

  • Jeans skinny blu + sfusi

  • Jeans skinny blu + dropshipping

- Jeans skinny blu + fornitore

- Utilizza solo poche parole chiave - Scegli alcune parole chiave e prova diverse varianti. Utilizza Google Keyword Planner per ottenere parole chiave simili.

- Crea un foglio Excel / Google Docs - Dovrai salvare nomi, indirizzi web, indirizzi email e numeri di telefono dei fornitori che trovi durante le tue ricerche. Assicurati di avere anche una colonna per indicare se hai contattato un particolare fornitore o meno. Questo ti aiuterà a rimanere organizzato.

- Assicurati di andare oltre la prima pagina dei risultati di Google - Non preoccuparti se un fornitore ha un sito Web che non è piacevole alla vista. La maggior parte di loro non si preoccupa di questi aspetti.

- Scava più in profondità nei risultati della ricerca - Una volta che hai un elenco di potenziali grossisti dropshipping, vai ai loro siti web e scopri di più su di loro.

- Contatta il fornitore - Invia ai tuoi fornitori preferiti un'e-mail che richiede informazioni sui loro servizi. Una volta ricevuta una risposta, fai la tua scelta

Come individuare falsi fornitori Dropshipping

Ormai dovresti aver capito che il tuo fornitore è estremamente importante per il successo della tua attività. Ciò significa che è necessario assicurarsi che sia affidabile prima di firmare qualsiasi documento. Spesso i falsi fornitori hanno causato la chiusura prematura di molti business.

Cinque cose a cui prestare attenzione:

- Un fornitore che non fornisce i dettagli di contatto - Fai molta attenzione quando visiti il sito web di un fornitore e non ha dettagli di contatto, ad esempio numeri di telefono, indirizzi email, posizione fisica, ecc.

- Un fornitore che vende direttamente ai consumatori - Un fornitore dropshipping deve vendere solo ai rivenditori dropshipping (siti di e-commerce) che non hanno un inventario. Chiunque vende direttamente ai singoli consumatori è un falso perché contravviene all'aspetto fondamentale di un grossista dropshipping.

- Un fornitore che non fornisce prodotti campione - È necessario verificare la qualità dei prodotti durante le negoziazioni. Se si rifiutano di inviare campioni o chiedono più tempo, probabilmente non sono affidabili.

- Un fornitore che rifiuta di firmare un contratto - Chiunque non voglia entrare in un accordo legalmente vincolante è di dubbia affidabilità.

- Un fornitore che richiede quote associative mensili - I grossisti genuini non addebitano mai commissioni per tenere l'inventario. Paghi solo per ordine. Se chiedono soldi per tenere un magazzino, sono un fornitore falso.

Differenza tra Dropshipper, Grossista e Produttore

Il processo di ricerca di un buon fornitore dropshipping è di solito un po' macchinoso per i principianti. Questo perché molte persone tendono a usare certi termini di ricerca in modo intercambiabile, e questo generalmente causa un certo livello di confusione. È necessario rendersi conto che un fornitore o grossista e un produttore sono due cose diverse.

Un produttore è una persona o entità che effettivamente realizza il prodotto che desideri acquistare. In alcuni casi, il produttore può già disporre di un programma di dropshipping e può semplicemente collaborare direttamente con te. Questa è solitamente un ottima opportunità poiché la mancanza di un intermediario significa ottenere un prezzo migliore e generare margini di profitto più elevati.

Un grossista dropshipping è una persona fisica o giuridica che acquista prodotti da un produttore e li consegna al cliente per suo conto.

Oltre a questi due termini, è anche importante familiarizzare con un terzo termine: un aggregatore dropshipping. Questo è un grossista che ha stretto collaborazioni con centinaia di produttori e ha messo nel proprio magazzino i loro prodotti. Un aggregatore di dropshipping ti semplifica la vita perché collaborare con loro significa poter commercializzare centinaia di prodotti diversi.

Tuttavia, gli aggregatori hanno delle tariffe annuali per poter accedere ai loro servizi e ciò per un dropshipper alle prime armi può significare diminuire ulteriormente i propri margini e quindi rendere più difficile il successo della propria attività

Nel prossimo capitolo, imparerai come scegliere i prodotti da vendere.

Capitolo 5

Scegliere e prezzare i propri prodotti

In questo capitolo, imparerai come scegliere i migliori prodotti da vendere e il tipo di prezzo che devi trovare per convincere i clienti a comprare da te.

Definire i tuoi prodotti

La prima cosa che devi capire è che non puoi vendere tutto. Potrai avere il lusso di non affrontare i mal di testa dovuti dalla gestione di un inventario, ma se vuoi distinguerti dai concorrenti, devi concentrarti su prodotti specifici.

E' importante assicurarsi che i tuoi prodotti siano allineati con il mercato di nicchia selezionato nel Capitolo 2. Cerca di vendere pochi prodotti rilevanti piuttosto che molti accessori irrilevanti. Ciò contribuirà a generare più traffico verso il tuo negozio. Se fornisci ai clienti dieci o più tipi diversi di prodotti, gli acquirenti verranno travolti da tutte le opzioni e non effettuerai alcuna vendita.

Ecco alcuni fattori da considerare quando si scelgono i prodotti da vendere:

- Scegli un prodotto che risolva un problema

- Scegli un prodotto di alta qualità

- Scegli un prodotto che genererà buoni margini: il tuo obiettivo dovrebbe essere quello di ottenere un profitto lordo del 30+%.

- Scegli un prodotto che venderà bene online - Evita articoli irragionevoli come prodotti costosi, pesanti o di grandi dimensioni che richiedono un servizio clienti specializzato o accordi di spedizione unici.

Alla fine, si tratta di usare intuizione e strategia per scegliere i prodotti più consoni al tipo di mercato che si è scelto.

Come prezzare i tuoi prodotti

Ci sono quattro fattori che devi considerare quando definisci il tuo prezzo:

- MSRP - Indica il prezzo al dettaglio suggerito dal produttore. È il prezzo proposto da un produttore in modo che i clienti trovino il loro prodotto ad un prezzo simile in diversi negozi.

- MAP - indica il prezzo minimo pubblicizzato. Questo è il prezzo minimo a cui sei legalmente autorizzato a vendere un prodotto. Ha lo scopo di prevenire guerre di prezzo tra i rivenditori.

- Margine - Questa è la differenza tra il prezzo del prodotto venduto al cliente e quanto lo hai pagato del fornitore. Un margine più ampio significa più entrate e più soldi disponibili per pagare le spese aziendali.

- Il prezzo dei tuoi concorrenti - Se altre aziende dropshipping all'interno della tua nicchia di mercato vendono a prezzi inferiori, perderai clienti.

La maggior parte dei principianti utilizza il modello di prezzo MSRP perché è più semplice da capire e ti consente di realizzare un profitto ragionevole. Il problema è che la concorrenza potrebbe vendere i loro prodotti utilizzando il modello MAP, attirando così più clienti. Questo è il motivo per cui è importante creare una storia per il tuo Brand in modo che i clienti ti siano più fedeli.

Capitolo 6

Consigli per un nuovo business di successo

In questo capitolo, daremo un'occhiata ad alcuni suggerimenti che possono rendere il tuo business dropshipping di successo. Come nuovo imprenditore nel settore del dropshipping, è importante che tu sappia le cose da fare e quelle da evitare. Ora daremo un'occhiata alla gestione dei clienti, alla configurazione dei costi di spedizione e come migliorare il margine di profitto.

Consigli per il servizio clienti

Se c'è un fattore chiave che determinerà il tuo successo nel business del dropshipping, questo è la tua reputazione. È importante offrire ai clienti la migliore esperienza in modo che si fidino di te e ricomprino ancora. Ecco alcuni suggerimenti da ricordare:

- Assumiti sempre la responsabilità per tutto ciò che va storto. Anche se è colpa del fornitore, agli occhi del cliente la colpa sarà tua. È quindi necessario assecondare e venire incontro al cliente, anche se ciò significa perdere denaro. Non puoi rischiare di ottenere recensioni negative.

- Capire cosa vogliono e di cosa hanno bisogno i clienti. E' importante garantire un sistema di pagamento sicuro e che protegga le informazioni personali. Rendi il tuo sito web professionale e user-friendly. Se possibile, offri ai clienti un modo per tracciare il loro ordine senza doverti contattare ogni volta.

- Sii informato sui tuoi prodotti. Crea descrizioni dettagliate, pagine con le domande frequenti e persino una newsletter per offrire ai clienti l'accesso a ulteriori informazioni.

- Soddisfa sempre i tuoi clienti. I clienti felici sono clienti che ricomprano e che consigliano il tuo negozio ad amici e parenti

Consigli per ottimizzare i costi di spedizione

Quando lanci la tua attività di dropshipping, devi creare una corretta strategia per gestire le spedizioni. Infatti spesso le spese di spedizione influenzeranno se un cliente completerà una transazione o meno. Il problema è che è il fornitore ad avere il controllo sulle spese di spedizione.

Allora cosa si può fare ? Ecco alcune strategie:

- Offri ai clienti la spedizione gratuita - I clienti al giorno d'oggi, abituati con Amazon o altre piattaforme si aspettano di avere la spedizione gratutita. Un trucco è pubblicizzare la spedizione "gratuita" e poi aggiungere i costi di spedizione al MSRP in modo che il cliente paghi comunque.

- Offrire un importo forfettario - Raggruppa i tuoi prodotti in base a un particolare peso e fascia di prezzo, quindi offri sconti sulla spedizione in base all'importo dell'ordine del cliente

Consigli per migliorare i tuoi margini

I margini per un business dropshipping sono stretti. I grossisti tendono ad addebitare costi aggiuntivi per il prezzo del prodotto perché sono responsabili dello stoccaggio, dell'inventario, dell'assicurazione, dell'imballaggio e dei costi di elaborazione. Ciò significa che devono addebitare quei costi, sul rivenditore dropshipping. Inoltre in caso di forte concorrenza potresti anche essere obbligato ad offrire prezzi più bassi e questo diminuisce ulteriormente i tuoi margini.

Quindi, come puoi massimizzare i tuoi margini? Ecco alcune idee:

- Evita di vendere lo stesso prodotto di tutti gli altri. Non entrare in un mercato che è già saturo di altri dropshippers. Ti perderai in un mare di rivenditori che stanno abbassando i prezzi solo per sopravvivere.

- Cerca sempre nuovi prodotti con bassa competizione. Vai su Amazon o eBay e guarda che prodotti offrono i venditori più profittevoli.

- Evitare di avere ordini che non possono essere elaborati. Immagina se un cliente effettua un ordine per un prodotto e dopo aver contattato il fornitore, questo ti informa che il prodotto è esaurito. Ora devi spiegare al cliente perché non puoi adempiere al loro ordine. Questo è un ordine non elaborato e può portare a feedback negativi e vendite perse.

- Trova una nicchia molto specifica invece di vendere quello che propongono tutti gli altri.

Capitolo 7

Alcuni dei fornitori dropshipping più famosi

In questo capitolo andremo a vedere alcuni dei migliori e più famosi fornitori a cui appoggiarsi per il nostro business dropshipping, come abbiamo visto in precedenza scegliere un buon fornitore può determinare il successo o il fallimento del nostro business. Fai molta attenzione durante questa fase e piuttosto che prendere decisioni affrettate che potrebbero compromettere il tuo business, fai qualche ricerca in più per essere sicuro di avere scelto un fornitore adatto.

Di seguito di elenco alcuni dei fornitori più famosi ed affidabili:

Vista Wholesale

Vista è una grande azienda all'ingrosso che fornisce servizi di adempimento su eBay sin dai primi anni '90. Questo fornitore offre servizi dropshipping ai partner che vendono su eBay, Amazon e in tutto il mondo. L'azienda ha un ottimo programma che consente ai partner l'iscrizione senza pagare alcuna commissione in anticipo.

SaleHoo

SaleHoo è piattaforma per dropshippers, che fornisce vari strumenti tra cui un elenco dettagliato dei prodotti che possono essere venduti con il metodo dropshipping. Inoltre SaleHoo ha molti tools che puoi usare per personalizzare il tuo sito di e-commerce oltre ad un Blog con sempre aggiornato con informazioni per aiutare il tuo business

Inventory Source

Un altro eccellente partner per i siti e-commerce nuovi ed esistenti è Inventory Source. Questo è un fornitore totalmente affidabile che fornisce un elenco di prodotti accurato e con tutte le informazioni essenziali. C'è una tariffa da pagare per alcuni servizi mentre è disponibile un servizio gratuito per i membri base.

Alibaba

Alibaba è una delle più grandi piattaforme commerciali e di e-commerce al mondo. Il suo sito web, www.alibaba.com è uno dei più popolari su Internet. Puoi trovare praticamente qualsiasi prodotto su questo sito. È molto popolare tra i dropshippers, specialmente quelli che cercano prodotti a prezzi accessibil. L'unica "sfida" è il tempo di spedizione, in quanto Alibaba ha sede in Cina.

Wholesale Central

Un altro fornitore affidabile per il dropshipping è Wholesale Central. Il sito web di questa società è ben ottimizzato e ti permette di cercare tra diverse categorie come accessori per smartphone, scarpe in pelle da uomo e molto altro ancora. Ciò ti offre la praticità di individuare prodotti di qualità per il tuo negozio e collaborare con una società affidabile.

Worldwide Brands

Worldwide Brands è essenzialmente un elenco completo di fornitori altamente consigliati. Sul loro sito web troverai una raccolta di fornitori all'ingrosso verificati e certificati. Se ti iscrivi su questo sito, puoi aspettarti di collaborare solo con fornitori eccellenti. Una volta trovato un partner che ritieni adatto puoi iniziare a collaborare, con la certezza di avere prodotti di qualità ed un servizio impeccabile. Sarai quindi in grado di effettuare gli ordini per conto dei tuoi clienti e farli elaborare con successo.

Dropship Direct

Un altro fornitore popolare tra i dropshippers è Dropship Direct. Se collaborerai con questa azienda, potrai accedere ad oltre 100.000 prodotti provenienti da oltre 900 marchi diversi. Come partner, ti verrà richiesto di aprire un account gratuito che ti consentirà di accedere a un database comprendente centinaia di migliaia di prodotti che vanno dall'elettronica alle parti di automobili e molto altro ancora.

Sunrise Wholesale

Sunrise Wholesale ti da accesso a magazzini e centri di distribuzione che misurano più di 600.000 metri quadrati. La vendita all'ingrosso di Sunrise è particolarmente affidabile per l'elaborazione rapida e accurata degli ordini dei clienti. Ha un rating A + con BBB, Better Business Bureau, che indica che è una società affidabile con cui collaborare. Come membro, puoi utilizzare lo strumento di ricerca fornito ed accedere a oltre 15000 prodotti e marchi.

Mega Goods

Mega Goods è un fornitore diretto attraverso il quale puoi accedere a svariati prodotti, principalmente beni elettronici come elettrodomestici da cucina, televisori, ferri da stiro a vapore e così via. Come dropshipper, apprezzerai sicuramente l'ampia varietà di prodotti disponibili e l'elaborazione rapida degli ordini. Il sito offre un prova gratuita di 30 giorni e un abbonamento mensile di $14,99.

Bonus

Avere la giusta Mentalità

Il Dropshipping, pur essendo un business online, è pur sempre un business e come tale dove essere trattato, il 70% del successo di un'azienda è determinato dalla mentalità del proprietario, ecco una lista di 6 punti chiave che devi tenere a mente mentre costruisci e gestisci il tuo business online:

- **Il tuo scopo**: deve sempre essere chiaro perché hai deciso di iniziare questa attività, in questo modo sarai in grado di affrontare i momenti difficili e uscirne vittorioso. Quando appaiono delle difficoltà devi essere pronto ed essere abbastanza motivato per superarle.

- **Solido come una roccia**: questo punto significa che devi essere come una roccia nell'oceano, anche se viene colpita da numerose onde (le difficoltà) rimane sempre solida e inamovibile.

- **Kaizen**: Questa è una parola giapponese che significa continuo costante miglioramento, ed è la filosofia che devi applicare alla tua attività

- **Orientato ai processi**: è necessario

concentrare l'attenzione sul processo di gestione della propria attività, perché una volta che si impara a gestire l'azienda e le sue sfide, la tua attività diventerà sicuramente redditizia e di successo

- **Devi credere**: devi essere tu stesso il primo a credere nella tua attività prima che questa diventi ben nota e di successo

- **Qualità e contributo**: il primo obiettivo della tua attività non è generare profitti ma creare valore per i propri clienti e se riuscirai nel fare ciò, non solo genererai profitti, ma i clienti saranno anche felici di acquistare da te

Se seguirai questi sei passaggi, sarai già a metà strada per creare un business di successo non solo online ma anche offline

Conclusione

Ti ringrazio ancora per aver acquistato questo libro!

Spero di essere stato in grado di aiutarti a imparare tutto ciò che devi sapere per avviare il tuo business con il dropshipping. Se stavi considerando questa attività per aiutarti a guadagnare un po 'di reddito passivo, ora hai tutti gli strumenti necessari per renderlo possibile.

Il prossimo passo è iniziare ad impostare la tua attività. Non ti servirà a niente aver letto questo libro e non agire. Quindi vai al Capitolo 2 e rileggi i sette passaggi per avviare la tua attività in una settimana. Inizia a cercare in quale mercato di nicchia entrare e poi vai avanti.

Sarà molto appagante quando riuscirai a fare soldi da casa generando delle rendite passive online.

Infine, se ti è piaciuto questo libro, allora vorrei chiederti un favore, saresti così gentile da lasciarmi una recensione su Amazon? Sarebbe molto apprezzato!

Grazie e buona fortuna!

Roberto Panizza